AF232031

NOTICE

BIOGRAPHIQUE

SUR

J. V. F. LAMOUROUX,

PROFESSEUR D'HISTOIRE NATURELLE A L'ACADÉMIE ROYALE DE CAEN,
CORRESPONDANT DE L'INSTITUT ROYAL DE FRANCE,
MEMBRE DE L'ACADÉMIE DES SCIENCES, ARTS ET BELLES-LETTRES D'AGEN,
DE CELLE DE CAEN,
DES SOCIÉTÉS D'AGRICULTURE ET DE MÉDECINE DE LA MÊME VILLE,
CORRESPONDANT DES ACADÉMIES DE MADRID, TURIN, etc.

Né à Agen le 3 mai 1779, mort à Caen le 26 mars 1825 ;

PAR J. P. LAMOUROUX, D. M. P.

PARIS,

IMPRIMERIE DE H. FOURNIER,

RUE DE SEINE, N. 14.

M DCCC XXIX.

NOTICE BIOGRAPHIQUE

SUR

J. V. F. LAMOUROUX.

LORSQUE, par des actions éclatantes ou des
écrits remarquables, un homme a exercé sur
la marche de son siècle une influence marquée,
soit en bien soit en mal, l'histoire de sa vie
inspire un intérêt général, et nous voyons
toutes les classes de lecteurs en rechercher avec
avidité les moindres détails.

Peu d'hommes sans doute peuvent prétendre
à ce haut degré de célébrité; mais celui dont
les travaux paisibles ont eu pour résultat d'é-
tendre le domaine de quelque branche de nos
connaissances, ou d'en rendre l'étude plus fa-
cile, a aussi quelques droits à nos hommages,
et l'histoire des principaux événemens de sa
vie ne peut être sans intérêt, surtout pour ceux

qui se destinent à la carrière qu'il a parcourue.
C'est donc aux amis des sciences naturelles
que nous adressons principalement cette notice sur un savant laborieux qui fut notre meil-
leur ami, notre guide, et dont la mort préma-
turée et subite réveille encore en nous les
souvenirs les plus pénibles. Les lignes que
nous allons consacrer à sa mémoire seront dic-
tées par la plus franche amitié, par la plus vive
reconnaissance.

Si la profession qu'un homme embrasse est
presque toujours le fait du hasard ou de circonstances qui lui sont étrangères, il n'en est
pas de même de la manière plus ou moins brillante dont il parcourt la carrière où il est une
fois entré. La profession de ses parens, le
rang qu'ils occupent dans le monde, leurs
préjugés...., déterminent toujours le premier
point de la question; le second dépend presque
uniquement de la puissance de ses facultés intellectuelles et morales.

L'éducation peut sans doute modifier ces
facultés; elle peut en fortifier quelques-unes,

en laisser quelques autres dans un état plus ou moins voisin de l'inertie; mais leur germe, inhérent à notre organisation, préexiste aux circonstances extérieures dont l'ensemble constitue l'éducation.

Si cette éducation et les aptitudes dont j'ai voulu parler concourent au même but, l'homme devient tout ce qu'il peut être; mais si ces deux influences agissent en sens contraire, il reste au-dessous de ce qu'il eût été; circonstance malheureuse qui n'a pas été étrangère à la vie de Lamouroux, comme nous le dirons tout à l'heure.

Jean-Vincent-Félix LAMOUROUX naquit à Agen, le 3 mai 1779. Son père Claude LAMOUROUX, l'un des citoyens les plus recommandables de cette ville par ses mœurs vraiment antiques, y jouissait de la plus haute considération comme fabricant, homme de lettres et administrateur. Élu maire de la ville et du canton d'Agen en 1791, il s'acquit, dans ces temps difficiles, une réputation de probité et de vrai patriotisme, qui lui a survécu dans la mémoire de ses concitoyens (1). Il était déjà père de cinq filles qui avaient triomphé des maladies de l'enfance, quand il eut son premier fils, sujet de cette notice.

Doué d'une santé difficilement altérable, d'une vivacité extraordinaire........, même sur les bords de la Garonne, un peu gâté sans doute par l'amour trop indulgent de ses parens, qui pendant long-temps n'eurent que lui de fils, le jeune Félix Lamouroux se fit remarquer de bonne heure par ses nombreuses espiégleries. Il se fit également distinguer par son extrême facilité à apprendre; mais si ses maîtres eurent souvent à se louer de ses heureuses dispositions, souvent aussi ils eurent à se plaindre de ses tours d'écolier. Au reste, nous ne parlerions point ici de cette malicieuse pétulance, si elle n'était à nos yeux le résultat de la même faculté instinctive qui plus tard détermina cette aimable gaieté et

____

(1) *Voy.* Journal de Paris, 7 octobre 1820.

cet esprit de saillie parties essentielles de son caractère.

Il avait à peine onze ans quand ses parens le retirèrent du collège, à une époque où pour tout reconstruire en France on commençait par tout démolir. Déjà capable de traduire Horace, il aurait pu trouver dans son père un guide éclairé; mais les affaires de son commerce absorbaient tous les momens de ce dernier, et pendant près de deux ans Lamouroux abandonna toute espèce d'étude sérieuse. Courir, sauter, nager, grimper sur les arbres, furent ses seules occupations, à un âge où la curiosité, le besoin de connaître, faculté distinctive de l'intelligence humaine, nourrie par une sage éducation, pouvait conduire aux plus heureux résultats une organisation aussi privilégiée que la sienne.... Mais je semble accuser ici de négligence les parens les plus tendres, les plus respectables, et une courte digression devient nécessaire.

Ce fut pour ne pas abandonner la carrière du commerce honorée par son père, et pour

obéir aux désirs de ce dernier, que Claude Lamouroux établit à Agen une manufacture de
toiles peintes qui fut long-temps florissante;
cependant il avait senti de bonne heure que
son éducation toute littéraire l'attirait vers des
occupations d'une autre nature. Entraîné vers
la poésie, l'architecture, passionné pour la
musique, il souffrait de ne pouvoir donner
tout son temps à ses affaires commerciales. Et
à cette époque déjà reculée, dans un pays si
éloigné du foyer des lumières, au sein d'une
ville où peu de négocians eussent été capables
de faire avec lui des excursions dans le domaine
des beaux-arts, chacun de ses goûts lui était
reproché (1). Il pensa donc que son fils, destiné
au commerce, pouvait sans inconvénient né-

(1) Agen est aujourd'hui une des villes de France où les lumières
sont le plus en honneur, où le plus de connaissances positives s'allie
aux ingénieuses saillies de l'esprit méridional, où l'on trouve le plus
d'hommes savans et de femmes aimables.

Fondée par le comte de Lacépède, P. Paganel, C. Lamouroux,
M. de Saint-Amans, etc., la Société d'agriculture sciences et arts
n'a pas peu contribué à répandre dans cette ville le goût des jouis-
sances intellectuelles, en fécondant, par l'étude, les qualités brillantes
dont la nature a doué les heureux habitans de ce beau pays.

gliger ses études ; peut-être même espérait-il lui épargner par là les désagrémens qu'il éprouvait lui-même.

Une belle écriture paraissait alors la qualité la plus indispensable à un négociant, et ce fut uniquement pour la lui faire acquérir que le jeune Lamouroux fut placé encore pendant deux ans dans une pension. De retour à Agen, presque entièrement maître de ses actions, quoiqu'il eût à peine atteint sa seizième année, il se fût sans doute exclusivement livré aux plaisirs bruyans de son âge, si son heureuse étoile ne lui eût fait connaître M. de Saint-Amans, déjà distingué comme philosophe, élégant écrivain, savant naturaliste, et dont il devint à la fois l'élève de prédilection et l'ami.

Si nous en exceptons cette heureuse rencontre, tout jusqu'alors avait éloigné Lamouroux de l'étude des sciences naturelles ; cependant la fondation des écoles centrales développant dans toute la France le goût des connaissances positives, et celle d'Agen comptant au nombre de ses professeurs des hommes tels que M. de Saint-Amans, le savant et modeste M. Puissant, Parfait Lumière, etc., etc., mon frère ne put rester étranger à cette influence bienfaisante. Mais elle fut nécessaire peut-être pour lui faire surmonter les obstacles qu'on opposait à ses dispositions naturelles, tous les jours combattues par quelques amis et même par ses parens. On ne cessait de lui répéter en effet que ce nouveau genre d'occupations était incompatible avec le commerce.

Destiné à diriger un jour la manufacture d'indiennes dont nous avons parlé, il sentit de bonne heure et fit sentir à ceux qui combattaient ses goûts, que, pour ne pas rester dans le sentier de la routine, le flambeau de la chimie lui devenait indispensable, et il se livra avec ardeur à l'étude de cette science où tous les arts puisaient déjà de si grands moyens de perfectionnement ; il y fit des progrès rapides, et se tint depuis lors tout-à-fait au courant de cette branche de nos connaissances.

« Son goût pour la botanique, » dit un savant

naturaliste qui a été son condisciple et son ami, « fut déterminé par l'idée ingénieuse de « bannir de sa manufacture les dessins bizarres « et fantastiques que le mauvais goût de la fin « du siècle de Louis XV avait introduits jusque « dans nos moindres étoffes. » Que ce motif ait réellement existé, ou qu'il ait seulement servi de prétexte à Lamouroux pour faire approuver par ceux qui l'entouraient son étude favorite, il est certain qu'en cherchant dans l'inépuisable et riante nature des modèles plus élégans, en étudiant les fleurs et les feuilles pour les imiter en guirlandes ou en bouquets sur les fond de ses indiennes, son esprit observateur ne pouvait s'empêcher d'en remarquer les caractères; et dès sa première excursion dans l'empire de Flore, il s'y trouva sur son terrain.

Rapidement initié aux secrets de cette science, il avait à peine atteint sa dix-septième année, quand le professeur de botanique à l'école centrale d'Agen, M. de Saint-Amans, qui l'avait distingué comme le plus habile de ses élèves, le choisit pour suppléant dans ses cours publics, malgré un léger bégaiement dont le jeune Lamouroux était affecté, et qui disparaissait d'ailleurs dès qu'il parlait en public.

Cette marque d'estime augmenta son goût pour l'étude; il ne voulut rester étranger à aucune des branches de l'histoire naturelle; et, bien qu'entraîné vers les plaisirs par l'ardente légèreté de son caractère, et par cette insouciance de l'avenir que donne l'espoir d'une fortune brillante, il ne cessa de faire marcher de pair les études scientifiques et les folies de la jeunesse.

Associé dès l'âge de dix-huit ans aux intérêts de la manufacture de son père, il dut entreprendre plusieurs voyages qui furent autant d'excursions de naturaliste. C'est ainsi qu'il augmenta rapidement ses collections naissantes, devenues plus tard si précieuses, et si importantes pour la science, surtout en hydrophytes et en polypiers. Elles enrichissent aujourd'hui le musée de Caen, fondé en grande partie par Lamouroux.

Quoique habitant une ville assez éloignée des côtes, il s'adonna plus particulièrement à l'étude des productions de la mer, et surtout à celle des plantes marines, très-faciles d'ailleurs à rendre à leur état de fraîcheur et de vie apparente, par une immersion de quelques heures dans l'eau.

Ses relations commerciales avec les principales villes maritimes de France et d'Europe, le rendirent bientôt possesseur d'une foule de plantes marines non encore décrites; il découvrit dans beaucoup d'autres des caractères mal saisis par les auteurs; et croyant pouvoir jeter quelques lumières sur cette partie de la botanique, il publia dès 1805 ses DISSERTATIONS SUR PLUSIEURS ESPÈCES DE FUCUS PEU CONNUES OU NOUVELLES (1); ouvrage très-estimé, devenu fort rare aujourd'hui, et où l'on trouve déjà le principe de ses vues philosophiques sur la phytographie marine. Riche alors, forcé d'ailleurs de voir autre part que dans les sciences, ses plus graves intérêts, ce ne fut ni par calcul,

(1) In-4° avec 36 planches. Prix: 15 et 20 fr. Chez Verdière.

ni pour se faire connaître comme botaniste,
que Lamouroux livra à l'impression ce premier
ouvrage, dédié à M. de Saint-Amans; il voulut
seulement payer un tribut de reconnaissance
à son premier guide dans l'étude de l'histoire
naturelle. Il était loin de penser que cette occu-
pation à laquelle il s'adonnait comme délasse-
ment de ses affaires commerciales, deviendrait
un jour pour lui le plus solide comme le plus
honorable moyen d'existence.

Je me rappelle encore les efforts de nos parens et de quelques amis pour éteindre en lui
l'amour des sciences, devenu plus vif par un
premier succès, mais regardé généralement
alors comme nuisible à ses travaux industriels :
à quoi pouvait mener, lui disait-on, *la connais-
sance de toutes ces herbes?* Et cependant, dès
cette époque, Lamouroux avait, sur la situa-
tion des affaires, une opinion plus juste que
ceux qui lui reprochaient son goût pour l'étude;
et plus d'une fois il avait conseillé à son père
de renoncer à un commerce dont les chances
devenaient de jour en jour plus dangereuses.

Peu de temps après, en effet, il s'établit entre les fabriques de toiles peintes des départemens du nord et celles du midi une concurrence que le voisinage de la capitale et sans doute un plus grand degré d'instruction parmi les ouvriers rendirent favorable aux premières. Claude Lamouroux, qui occupait dans ses ateliers un grand nombre de familles, ne voulant pas laisser trop précipitamment sans ressource des hommes dont il était le soutien, se décida trop tard, mais trop tard pour lui seul, à suspendre ses travaux, et après avoir fait honneur à tous ses engagemens, il quitta les affaires en emportant l'estime générale, mais en sauvant à peine quelques débris de sa fortune première.

Chacun de ses nombreux enfans (il en avait neuf), qui perdaient par cette catastrophe la perspective d'une honnête aisance, prit avec résignation un parti dans l'adversité, et choisit une nouvelle branche d'industrie. L'aîné, dont nous entretenons le lecteur, déjà initié aux sciences naturelles, bases fondamentales de

l'art de guérir, se décida pour la carrière médicale : il existait alors à Agen une école libre
de médecine dont il suivit les cours avec assi-
duité, en y remplissant à la fois le rôle d'élève
et celui de professeur de Botanique. Un vaste
jardin dépendant de la maison habitée par sa famille était son amphithéâtre ; Lamouroux y cul-
tivait une foule de plantes étrangères dont les
plus remarquables, par l'élégance des formes,
la beauté des fleurs ou la suavité du parfum,
ont été par ses soins naturalisées dans le pays.

Ne pouvant terminer à Agen ses études mé-
dicales, il se rendit à Paris vers la fin de 1807,
et s'y fit bientôt remarquer par son instruction
variée et surtout par son activité extraordinaire dont ses nombreux amis peuvent seuls se
faire une juste idée. Il acquit promptement
l'estime des plus illustres savans avec qui ses
connaissances en Botanique le mirent en rela-
tion, tels que les Jussieu, les Desfontaines, les
Brongniart, les Cuvier, etc.; et sur sa réputation naissante il fut nommé, dès 1808, professeur adjoint d'histoire naturelle à l'académie

de Caen, où il ne tarda pas à occuper comme professeur en titre la chaire devenue vacante par la mort de M. Roussel.

Il renonça dès-lors à suivre spécialement la carrière médicale, et le voisinage des côtes fortifiant de plus en plus son goût pour l'étude des productions marines, tous ses momens y furent consacrés. Il conçut, dès cette époque, le vaste projet d'une histoire générale de la mer; et les travaux qu'il a laissés prouvent qu'il n'était pas au-dessous de cette entreprise.

Il y débutait, en 1813, par un excellent traité modestement intitulé Essai sur les genres des thalassiophytes non articulées (1), inséré dans les Annales du muséum d'histoire naturelle. Dans cet ouvrage, Lamouroux divise toutes les plantes marines non articulées en six familles : les *fucacées*, les *floridées*, les *dyctiotées*, les *ulvacées*, les *spongodiées* et les *alcyonidiées*, qu'il enseigne à distinguer par des caractères si tranchés et si faciles à saisir, qu'une étude de peu de jours est suffisante pour

______

(1) In-4° avec huit planches d'excellentes figures.

mettre un élève en état de classer la plupart de
ces végétaux. Plus tard, la dernière de ces familles fut cependant considérée par Lamouroux
comme devant appartenir au règne animal;
et la première fut divisée en deux autres : les
fucacées proprement dites, et les *laminariées*
qui en étaient un des plus beaux genres : avec
ces deux modifications, l'essai sur les genres
des thalassiophytes peut être regardé, encore
aujourd'hui, comme un ouvrage classique. C'est
un véritable *genera* enrichi du catalogue des
espèces alors connues, distribuées d'après une
classification nouvelle tellement lumineuse,
qu'elle a été de suite adoptée par la plupart
des botanistes français et étrangers. M. Bory de
Saint-Vincent considère ce travail comme le
point de départ des progrès de notre époque
dans l'histoire des plantes aquatiques ou hydro-
phytologie, devenue une science par le mou-
vement qu'imprima Lamouroux à son étude.
« Il fut la base de tous les travaux qu'on a faits
« depuis en ce genre, ajoute le même savant,
« et quelques soins que certains auteurs étran-
« gers aient mis à déguiser ce qu'ils y puisèrent,

« de tels emprunts frappent au premier coup
« d'œil dans tous leurs traités (1). »

Suivant toujours le projet de son histoire
des productions marines, Lamouroux publia,
en 1816, une HISTOIRE GÉNÉRALE DE POLYPIERS
CORALLIGÈNES FLEXIBLES (2). Il y décrit cinquante-
sept genres de polypiers, distribués en dix familles parfaitement bien caractérisées et dis-
posées en quatre sections principales, savoir :
1° les POLYPIERS CELLULIFÈRES présentant des
polypes dans des cellules non irritables ; 2° les
POLYPIERS CALCIFÈRES offrant la substance cal-
caire apparente dans tous les états, et mêlée
avec la substance animale ou recouvrant cette
dernière ; 3° les POLYPIERS CORTICIFÈRES com-
posés de deux substances, une extérieure et
enveloppante, nommée *écorce* ou *encroûte-
ment,* et l'autre, appelée *axe*, placée au centre ;
4° enfin les POLYPIERS CARNOÏDES, formés d'une
masse charnue entièrement animée, dépourvue
d'axe central et couverte de polypes.

Cet ouvrage a été si recherché, qu'en très-

(1) *Voy*. art. Hydrophytes du Dict. class. d'Hist. nat.
(2) In 8° avec 19 planches.

peu de temps l'édition (tirée à mille exemplaires) en a été épuisée; et quand il s'en rencontre quelqu'un dans les ventes, on le paie trois et quatre fois sa valeur primitive. Une classification simple et claire, des détails pleins d'intérêt, et la description d'un grand nombre d'espèces nouvelles, en ont fait un livre indispensable pour ceux qui se livrent à cette branche de l'histoire naturelle. Ce fut peu de temps après sa publication que l'auteur reçut le titre honorable de membre correspondant de l'institut de France, où il remplaça dans la section de zoologie le célèbre Scarpa, devenu alors associé étranger de ce premier corps savant de l'Europe.

Dans un ouvrage publié en 1821, sous le titre d'Exposition méthodique des genres de l'ordre des polypiers (1), et faisant partie de la grande Encyclopédie, Lamouroux entreprit de faire connaître tous les polypiers vivans et fossiles qu'il distribua en trois grandes classes, savoir : 1° les POLYPIERS FLEXIBLES OU NON EN-

---

(1) In-4., avec planches. Chez Agasse, Paris

TIÈREMENT PIERREUX, 2° LES POLYPIERS ENTIÈRE-
MENT PIERREUX ET NON FLEXIBLES, 3° LES POLY-
PIERS SARCOÏDES PLUS OU MOINS IRRITABLES ET
DÉPOURVUS D'AXE CENTRAL. Quoique présentant
moins de détails que le précédent, cet ouvrage
embrasse un champ plus vaste, puisque l'auteur y décrit cent trente-cinq genres distribués
en vingt ordres qu'il serait trop long d'énu-
mérer dans cette notice.

Il était difficile de s'occuper de polypiers,
êtres qui jouent un si grand rôle dans la com-
position de la croûte du globe, sans entrer dans
la géologie; aussi Lamouroux s'en occupa-t-il
long-temps d'une manière spéciale. Sa place
l'obligeait d'ailleurs à faire un cours public de
géographie physique à la faculté des sciences
et au collège de l'académie de Caen.

Il avait observé avec le plus grand soin les
fossiles du pays qu'il habitait; il avait décou-
vert plusieurs espèces nouvelles, entre autres,
des crocodiles et des ichtyosaures; et, riche
de matériaux, il publia, en 1821, après être
venu à Paris en communiquer le manuscrit à
MM. Cuvier, de Humboldt, et à nos plus cé-

lèbres géologues, son Résumé d'un cours élémentaire de géographie physique (1).

On parla peu d'abord de ce travail, quoiqu'il fût regardé par quelques savans comme une excellente introduction à l'étude des sciences naturelles en général ; mais après la mort de l'auteur l'édition en a été rapidement épuisée, et cet ouvrage étant de plus en plus recherché, nous nous félicitons de pouvoir payer à la mémoire d'un frère chéri un hommage flatteur de reconnaissance en publiant aujourd'hui une deuxième édition de son Résumé de géographie physique.

Outre les ouvrages importans dont nous venons de parler, Lamouroux a publié plusieurs mémoires remplis d'intérêt, parmi lesquels nous devons mentionner sa *notice sur la montée*, poisson qui vit dans l'Orne et qu'il a reconnu pour être le frai de l'anguille Pimperneau ; son mémoire sur la culture du blé Lama, qui fut inséré par extrait dans l'almanach de Liège, comme présentant une utilité

(1) 1 vol. in-8°. Chez Verdière. Paris.

populaire; sa description de la lucernaire campanulée, espèce de radiaire de couleur rosée et d'une forme très-élégante dont il avait trouvé plusieurs individus sur les côtes du Calvados; sa notice sur le Bon-Sauveur, établissement philanthropique dont s'honore la ville de Caen; quelques autres écrits aussi remarquables par l'élégance du style que par la profondeur du savoir, et une foule d'articles insérés dans les divers journaux scientifiques de l'époque.

Quoique la jeunesse de Caen se soit toujours fait remarquer par son amour pour l'étude, nous osons assurer que Lamouroux contribua beaucoup à répandre dans cette ville le goût de l'histoire naturelle. Il s'énonçait avec tant de facilité et d'élégance, ses descriptions étaient si claires, il savait si bien captiver l'intérêt de ses auditeurs, en faisant de nombreuses applications du sujet qu'il traitait aux usages habituels de la vie, que tous les jours on venait écouter ses leçons avec un nouveau plaisir. C'était principalement dans les excursions botaniques et zoologiques faites aux environs de Caen avec ses élèves, lorsqu'il croyait pouvoir

tempérer le sérieux du professeur par l'ama-
bilité de l'homme du monde, qu'il embellissait
ses descriptions de saillies heureuses et pi-
quantes. Aussi, plus favorisé que bien d'autres
professeurs, eut-il souvent le plaisir de voir
son auditoire aux dernières séances de ses
cours, plus nombreux qu'à la première.

Lamouroux jouissait du précieux avantage
d'inspirer à ses élèves autant de confiance et
d'amitié que de respect; il le devait à la fois
à son éloignement pour les formes pédantesques
et à son caractère franc, vif et loyal. Il en reçut
des témoignages non équivoques, à toutes les
époques où l'exagération de quelques opinions
politiques ou bien quelques circonstances
moins graves tendirent à établir une espèce
de scission entre la jeunesse et les hommes
chargés de la diriger.

Déjà membre des plus illustres sociétés sa-
vantes de l'Europe, Lamouroux fut le prin-
cipal fondateur de la société Linnéenne du
Calvados, presque entièrement composée de
ses élèves dans les premiers temps de son ori-
gine. Peu après sa formation, cette société se

distingua par des travaux utiles , par la publication de mémoires importans ; et aujourd'hui elle compte au nombre de ses membres ou de ses correspondans les savans les plus célèbres.

Quoique nous ayons cru devoir nous abstenir de longs détails sur la vie privée de Lamouroux, depuis l'époque où il avait acquis, pour ainsi dire, une existence publique par sa position de professeur et la publication de ses ouvrages, nous ne pouvons terminer cette notice sans dire quelques mots à ce sujet.

L'amour de l'histoire naturelle est loin d'exclure les affections plus tendres ; et ce n'était pas sans un profond chagrin que Lamouroux se voyait obligé de vivre si loin du foyer domestique. Peut-être même eût-il de bonne heure sacrifié les avantages de sa place de professeur, pour retourner à Agen au sein de sa famille, si l'esprit, l'heureux caractère et les vertus de la femme qu'il épousa, ne lui eussent fait penser qu'il pouvait, avec le bonheur du mariage, trouver sur les rives de l'Orne une nouvelle patrie. Peu de temps après son arrivée à Caen, il aima Mlle Félicité de Lamariouze , mais ce ne fut que six ans plus tard, en 1818, qu'il lui donna sa foi. Une année ne se fut pas écoulée, que cette épouse chérie le rendit père d'un fils dont il voyait avec joie se développer les heureuses dispositions.

Ses désirs les plus ardens étaient satisfaits; la félicité qu'il goûtait au sein de sa famille nouvelle, l'estime que lui manifestaient les hommes les plus célèbres dans les sciences, l'aisance qu'il s'était créée par ses travaux, aisance infiniment plus précieuse que celle que nous devons au hasard de la naissance...., tout devait le faire placer parmi les heureux du monde...., lorsque, dans la nuit du 25 au 26 mars 1825, à peine au milieu de sa carrière, doué d'une constitution vigoureuse, l'imagination pleine d'un avenir de bonheur...., il fut enlevé à sa famille et à ses nombreux amis par une apoplexie foudroyante.

Cette perte ne dut pas être moins sensible aux amis des sciences : car Lamouroux était sur le point d'achever l'histoire de tous les polypiers radiaires dont il avait déjà fourni un volume à la grande Encyclopédie méthodique; il concourait pour les productions marines à la rédaction du Dictionnaire classique d'histoire naturelle; il dirigeait la belle édition des OEuvres complètes de Buffon entreprise par Verdière; il allait publier une monographie des *Laminaires*; enfin il mettait la dernière main à son *Species* des plantes marines...., ouvrage que les botanistes attendaient avec impatience, et que personne n'a encore osé entreprendre,... quand la mort est venue interrompre ses travaux importans, le frapper d'une manière subite dans les bras même de la plus intéressante épouse, et l'arracher à son jeune fils, dont il avait la douce espérance de diriger les premiers pas dans l'étude des sciences naturelles!

Peu de temps après sa mort, ses élèves et ses amis, à qui ses frères et sœurs vinrent se joindre avec reconnaissance, ouvrirent une souscription pour lui élever un monument funèbre. Elle fut promptement couverte : et dans la partie occidentale du cimetière de la ville de Caen on voit aujourd'hui, sur un socle de granit, entouré de quatre cyprès et d'une grille de fer, une pyramide quadrangulaire, surmontée d'une urne funéraire et portant sur sa face principale ce peu de mots :

A

LA MÉMOIRE

DE J. V. F.

LAMOUROUX,

NÉ A AGEN LE 3 MAI 1779,

DÉCÉDÉ A CAEN LE 26 MARS 1825;

SES PARENS, SES ÉLÈVES ET SES AMIS

RECONNAISSANS.